AF145798

BEI GRIN MACHT SICH IHR
WISSEN BEZAHLT

- Wir veröffentlichen Ihre Hausarbeit,
  Bachelor- und Masterarbeit

- Ihr eigenes eBook und Buch -
  weltweit in allen wichtigen Shops

- Verdienen Sie an jedem Verkauf

Jetzt bei www.GRIN.com hochladen
und kostenlos publizieren

Bibliografische Information der Deutschen Nationalbibliothek:

Die Deutsche Bibliothek verzeichnet diese Publikation in der Deutschen National-bibliografie; detaillierte bibliografische Daten sind im Internet über http://dnb.d-nb.de/ abrufbar.

Impressum:

Copyright © 2018 GRIN Verlag
Druck und Bindung: Books on Demand GmbH, Norderstedt Germany
ISBN: 9783668989535

Dieses Buch bei GRIN:

https://www.grin.com/document/492193

Anonym

Wie wirkt sich die Politik der USA und Großbritanniens auf die politischen Ereignisse im Irak aus?

GRIN Verlag

GRIN - Your knowledge has value

Der GRIN Verlag publiziert seit 1998 wissenschaftliche Arbeiten von Studenten, Hochschullehrern und anderen Akademikern als eBook und gedrucktes Buch. Die Verlagswebsite www.grin.com ist die ideale Plattform zur Veröffentlichung von Hausarbeiten, Abschlussarbeiten, wissenschaftlichen Aufsätzen, Dissertationen und Fachbüchern.

Besuchen Sie uns im Internet:

http://www.grin.com/

http://www.facebook.com/grincom

http://www.twitter.com/grin_com

Wie wirkt sich die Politik der USA und Großbritanniens auf die politischen Ereignisse im Irak aus?

Unterrichtsfach: Gemeinschaftskunde

Inhaltsverzeichnis

1. Einleitung

Wenn man heute Irak hört, denkt man an Krieg, Verfolgung, Gewalt und nicht zuletzt an den Islamischen Staat (IS), welcher „grundlos" Selbstmordattentäter in die westliche Welt schickt, um „Ungläubige" zu töten. Viele erinnern sich vielleicht noch an Saddam Hussein, den einstigen Diktator und den Einmarsch der USA in den Irak. Doch nur die Wenigsten verbinden mit dem Land Irak die „Wiege der Zivilisation". Das Land zwischen Euphrat und Tigris, wo sich schon 3000 v. Chr. die ersten Menschen niederließen, um Ackerbau und Viehzucht zu betreiben. Außerdem wurde dort eine der ersten Schriften erfunden und die heute überall gebräuchliche Zeiteinheit von 1 Stunde, die in 60 Minuten unterteilt werden kann, definiert.[1] Aber wie kam es zu dieser Entwicklung? Welchen Einfluss hatte die westliche Welt dabei, genauer gesagt die USA und Großbritannien?

Den Anstoß für diese Hausarbeit war ein Buch, das ich von einem Bekannten empfohlen bekommen habe: „Wer den Wind sät" von Michael Lüders. In diesem Buch geht es darum, was die westliche Politik im Orient anrichtet. So wusste ich bei meinen Vorüberlegungen in welche Richtung es ungefähr gehen könnte. Ich suchte dann nach einem geeigneten Land und wurde mit dem Irak fündig, da hier sehr viel Einfluss von außen genommen wurde. Somit erschloss sich schließlich auch die Leitfrage: „Wie wirkt sich die Politik der USA und Großbritanniens auf die politischen Ereignisse im Irak aus?"

Das Hauptziel der Arbeit ist es, herauszufinden wie sich die Politik der USA und Großbritanniens auf die politischen Ereignisse im Irak auswirkt? Außerdem soll die Hausarbeit noch Aufschluss darüber geben mit welchen politischen und militärischen Mitteln auf den Irak eingewirkt wurde und ob dieses Einwirken positiv oder negativ war. Eine weitere Frage ist, ob dabei Verbrechen begangen wurden?

Im Wesentlichen werde ich mich dabei auch auf das Buch „Die Geschichte des Irak" von Henner Fürtig stützen. Gerade, weil sich durch das Auftreten des IS die Presse viel mit dem Thema beschäftigt hat, halte ich es für notwendig, sich nochmals mit der Geschichte auseinanderzusetzen, da häufig wichtige Gesichtspunkte vernachlässigt werden und einseitig berichtet wird.

---

[1] Vgl.: http://www.welt-geschichte.de/html/die_ersten_hochkulturen.html (8.3.2018)

Um ein solches komplexes Konstrukt zu verstehen muss man weit in die Vergangenheit reisen. So sagt auch Michael Lüders „eine Geschichte erscheint in einem unterschiedlichem Licht, je nachdem wo man sie beginnt, sie zu erzählen."[2]

Die Hausarbeit wird in die wichtigsten Abschnitte der Politik des Irak untergliedert. Begonnen wird hierbei mit dem Einmarsch der Briten in den Irak im Zuge des Ersten Weltkriegs und geendet mit der Entstehung des IS. Im Schluss wird schließlich persönlich Stellung zu den politischen Geschehnissen genommen.

2.1 Von einer britischen Kolonie bis zu einer Republik

Die Geschichte des Irak als moderner Staat beginnt mit dem Eintritt des osmanischen Reiches in den ersten Weltkrieg. Das osmanische Reich kämpfte auf Seiten der Deutschen und der Österreicher. Die Engländer sahen die Chance, eine Verbindung zwischen ihrer Kolonie Indien und Europa zu schaffen und sich so Öl-Vorräte zu sichern. Daher landeten nur drei Tage nach der Kriegserklärung am 3. November 1914 britische Truppen in dem südirakischen Fao. Der erste Versuch, Bagdad einzunehmen, schlug fehl. Mit Verstärkung aus London gelang es schließlich, Bagdad unter britischen Einfluss zu bekommen. Anfangs hatten die Iraker Hoffnung auf einen unabhängigen Staat, nicht zuletzt weil sich die Engländer als „Befreier" darstellten. Jedoch hatten die Briten und Franzosen noch vor Kriegsende in dem sogenannten Sykes-Picot-Abkommen beschlossen wie die zu eroberten Gebiete aufgeteilt werden - in Abbildung 1 im Anhang wird die geplante Aufteilung veranschaulicht - dabei war kein unabhängiger irakischer Staat vorgesehen.[3]

Nach dem Krieg gab es allerdings immer mehr Aufstände in der Bevölkerung. Diese waren so heftig, dass die Briten über zahlreiche Gebiete keine Kontrolle mehr besaßen und sich schließlich der Hochkommissar gezwungen sah, britische Truppen aus dem nahen Indien anzufordern. Die Regierung Großbritanniens entschloss sich, einen neuen Hochkommissar einzusetzen, um einen Neustart zu symbolisieren. „Er bot ihnen die Aufhebung des Besatzungsregimes und die Bildung einer nationalen Regierung an."[4] Jedoch blieb der größte Anteil der Macht bei den britischen Beratern. Am 27. August 1921 ließ die britische Regierung wegen zu hoher Kosten durch die

---

[2] Zitat: Michael Lüders, 2017, Umschlag
[3] Vgl.: https://www.n-tv.de/politik/Als-die-Briten-in-Bagdad-einmarschierten-article19739376.html (7.12.17)
[4] Zitat: Fürtig Henner, 2016, S.23

vielen Aufstände, einen König -Faisal Ibn Hussein- krönen, in der Hoffnung, dadurch die Lage zu stabilisieren. Dies machte allerdings keinen Unterschied bezüglich der Machtverhältnisse; lediglich die Bezeichnung Mandatsregime wurde nicht mehr verwendet. 1922 wurde ein Vertrag unterzeichnet, welcher den Briten für die nächsten zwei Jahrzehnte die Macht über den Irak sicherte. Dieser würde mit dem Eintritt des Iraks in den Völkerbund revidiert werden. Acht Jahre später wurde der Vertrag erneuert und umgeschrieben. Die schiitische Bevölkerungsmehrheit lehnte den Vertrag ab.

1932 trat der Irak schließlich in den Völkerbund ein, womit „formal die Unabhängigkeit begann".[5] Zwar gab es nun keinen Hochkommissar mehr, jedoch übernahm ab sofort der britische Botschafter dessen Aufgaben. Mit diesem musste jede grundlegende Entscheidung besprochen werden. Den Briten wurde für weitere 25 Jahre zugesichert, dass sie Durchmarschrechte ihrer Truppen durch den Irak, die Kontrolle des Erdöls sowie Luftwaffenbasen besitzen.

Als wichtigste Bündnispartner sahen die Briten die sunnitischen Stammesführer und Grundbesitzer. Der Irak blieb allerdings auch das nächste Jahrzehnt sehr instabil. Der König sah eine Chance darin, eine Armee zu schaffen und damit „eine Institution nationaler Identifikation."[6]

1933 starb der erste König des Irak, dessen Sohn wurde sein Nachfolger. Schon zwei Jahre später kam es erneut zu Aufständen. Diese forderten die Aufhebung des Vertrags von 1930 und somit eine wirkliche Unabhängigkeit des Iraks. Auch dieser Aufstand wurde gewaltsam beendet. Nach zwei Jahrzehnten mit zwei Königen, vielen Verschwörungen und Aufständen wurde im Jahr 1958 der König ermordet und die Republik ausgerufen. Dahinter steckte die „Irakische kommunistische Partei", welche danach die Macht in Form von Qasim (Premierminister des Irak) bis zu seiner Ermordung (durch die Ba´th-Partei) 1963 behielt. Während dieser Phase zogen die letzten britischen Truppen aus dem Irak ab. Dadurch wurde der Irak endgültig unabhängig von der Kolonialmacht.

In den Wirren des 2. Weltkrieges und dem 1. Nahostkrieg gegen Israel kam die „Wiedergeburts- (ba`th-) Partei" empor. Ihre Anhänger vertraten pan-arabische Werte mit dem Ziel eines einheitlichen arabischen Staates. Religiöse Zugehörigkeit war unwichtig – wichtig war nur die arabische Muttersprache und das Leben auf

---

[5] Zitat: Fürtig Henner, 2016, S.31
[6] Zitat: Fürtig Henner, 2016, S. 34

arabischer Erde. Ihr Hauptkritikpunkt war das europäische Kolonial- und Mandatssystem.

Schon unter Qasim begann ein Bürgerkrieg mit den Kurden, welche von einem eigenständigen Staat träumten. Dieser dauerte zunächst mehr oder weniger aktiv bis 1975.

Zusammenfassend war die Zeit vom 1. Weltkrieg bis zum Ende der Republik geprägt vom Wunsch der Unabhängigkeit Iraks, der aber letztlich immer unerfüllt blieb, da die Briten bis zum Abzug jederzeit die Kontrolle über das Schicksal des strategisch wichtigen und ressourcenreichen Landes hatten. Eine politische und gesellschaftliche Stabilität konnte zu keiner Zeit verzeichnet werden - nicht zuletzt aufgrund der Problematik Schiiten, Kurden und Sunniten in einem Land zu vereinigen.

2.2 Machtübernahme Saddam Husseins

Im Jahr 1979 übernahm Saddam Hussein die Macht, außerdem werden ca. 500 politische Gegner hingerichtet. Nach Unruhen im Südirak ausgehend von Schiiten wurde der Anführer ermordet und zehntausende Schiiten deportiert.[7] Die USA standen anfangs auf Seiten Husseins trotz seiner vielen Verbrechen. Als Grund hierfür ist zum einen der Reichtum an Erdöl anzuführen und zum anderen, da Hussein im Konflikt mit dem Iran stets gemäß dem Motto „der Feind meines Feindes ist mein Freund" agiert hatte. Im Jahr 1980 begann dann schlussendlich der Krieg mit dem Iran, welcher von Hussein mit der Besetzung einer erdölreichen Region als kurze militärische Intervention gedacht war.[8] Allerdings wurde diese erst im Jahr 1987 durch den UNO-Sicherheitsrat beendet. Die USA behielten in diesem Krieg auch keine ganz weiße Weste, da sie den Irak mit Waffen und Geld unterstützt hatten und Hussein eigentlich dazu anstifteten weiterzukämpfen, um ein Sieg des Iran zu verhindern. Man kann schon fast sagen der Irak kämpfte für die USA gegen den Iran.[9]

Der finanziell stark geschwächte Irak benötigte dringend Geld. Hussein forderte von Kuwait den Erlass von Schulden und hohe Zahlungen aufgrund gemeinsamer Öl-Felder. Außerdem warf er Kuwait vor, ihn zu hintergehen. Als Verhandlungen über

---

[7] Vgl.: Fürtig Henner, 2016, S.114-118
[8] Vgl.: https://www.youtube.com/watch?v=VJ___9V9qwo
[9] Vgl.: Fürtig Henner, 2016, S.131-133

diese Vorwürfe scheiterten marschierte er kurzerhand im August 1990 mit der Armee in den kleinen Golfstaat ein,[10] in dem Glauben von stillschweigendem Einverständnis durch die Vereinigten Staaten von Amerika.[11] Der Emir von Kuwait konnte nach Saudi-Arabien fliehen.

In der Geschichte wurde Kuwait von den Briten aus dem osmanischen Reich gelöst mit der Absicht, selbst über das Land zu herrschen. Nachdem Saddam Hussein die Fristen der USA und der UN zum Rückzug verstreichen ließ, bildete sich eine Allianz, die mit Soldaten aus 34 unterschiedlichen Nationen das weitere Vordringen irakischer Truppen verhinderten und 1991 Kuwait befreiten. Anschließend waren Soldaten schon auf dem Weg nach Bagdad als Bush das Vorrücken auf Raten Saudi-Arabiens stoppte, weil die Siegermächte Angst hatten, dass durch einen Zerfall des Iraks der Iran zu mächtig werden würde.[12]

Die UN verhängte „eine nahezu totale Wirtschaftsblockade"[13] gegen den Irak, um den Druck auf den Diktator zu erhöhen. Diese Sanktionen schadeten in erster Linie der Zivilbevölkerung.[14] So zum Beispiel wurde nach und nach die einst starke Mittelschicht fast komplett vernichtet. „Betrug die Alphabetisierungsrate 1989 noch 95 Prozent, die höchste in der arabischen Welt, war sie 2000 um die Hälfte gefallen."[15] Das einst global betrachtet sehr konkurrenzfähige Gesundheitssystem wurde fast komplett zerstört. Auch deshalb stieg die Kindersterblichkeit im Zweistromland drastisch an.[16] Daher wurde mit der Zeit die Forderung einer Aufhebung der Sanktionen laut. Großbritannien und die USA sprachen sich allerdings klar gegen eine Annullierung des Wirtschaftsembargos aus.[17]

1991 richtete die UN eine Sicherheitszone für die Kurden nördlich des 36. Breitengrades ein. Kurz darauf setzten die USA und Großbritannien ohne

---

[10] Vgl.: Hermann Rainer: http://www.faz.net/aktuell/politik/ausland/besetzung-kuweits-das-ende-des-alten-nahen-ostens- (22.01.18)
[11] Vgl.: Fürtig Henner, 2016, S.41
[12] Vgl.: Hermann Rainer: http://www.faz.net/aktuell/politik/ausland/besetzung-kuweits-das-ende-des-alten-nahen-ostens-13729115.html?printPagedArticle=true#pageIndex_0 (22.01.18)
[13] Zitat: Holmes Michael: https://www.welt.de/debatte/kommentare/article9783521/Der-vergessene-Krieg-gegen-Iraks-Zivilbevoelkerung.html (11.02.18)
[14] Vgl.: Holmes Michael: https://www.welt.de/debatte/kommentare/article9783521/Der-vergessene-Krieg-gegen-Iraks-Zivilbevoelkerung.html (11.02.18)
[15] Lüders Michael, 2017, S. 45
[16] Lüders Michael, 2017, S. 45-46
[17] Vgl.: Homes Michael:https://www.welt.de/debatte/kommentare/article9783521/Der-vergessene-Krieg-gegen-Iraks-Zivilbevoelkerung.html (11.02.18)

Zustimmung des Sicherheitsrates eine Schutzzone für die Schiiten südlich des 32. Breitengrades durch[18] (vgl. Abb. 1).

2.3 Der dritte Golfkrieg

Mit dem Ziel Saddam Hussein zu entmachten, begannen die USA am 20.03.2003 mit ihren Verbündeten mit dem Angriff auf den Irak.[19] Als offiziellen Grund für die Invasion wurde dem irakischen Diktator der Besitz von ABC-Waffen vorgeworfen und auch die mutmaßlichen Verbindungen zu El-Kaida. Jedoch waren beide Vorwürfe laut des UN-Waffeninspekteurs namens Scott Ritter völlig unbegründet.

Ritter behauptete, er habe überwacht wie 95% der Massenvernichtungswaffen des Iraks zerstört wurden. Außerdem sei der Irak „aktiv dabei, alle Auswüchse des islamistischen Fundamentalismus mit Härte zu bekämpfen".[20] Erschwerend kam dazu, dass die ABC-Waffen, des Iraks teilweise mit Unterstützung der Vereinigten Staaten gebaut wurden.[21]

Es gibt aber auch Stimmen die behaupten, dass sich die USA durch den Sturz der Regierung im Zweistromland nur den Zugang zu dem zweitgrößten Erdölvorkommen weltweit verschaffen wollten. Dafür würde sprechen, dass die Vereinigten Staaten von Amerika unabhängiger von Öl Lieferungen aus Saudi-Arabien werden wollten. Diese Unabhängigkeit wollte man, da es in naher Zukunft schwer werden könnte mit der saudi-arabischen Königsfamilie übereinzukommen. Bisher sicherte ein Abkommen sichert den Vereinigten Staaten von Amerika günstiges Öl zu und im Gegenzug sorgten die USA für die Sicherheit der Monarchie in Saudi-Arabien.[22]

Die vorgegebenen Vorwürfe des angeblichen Besitzes von ABC-Waffen reichten nicht für eine Unterstützung durch den Völkerbund aus. So wurde von den Vorreitern USA und Großbritannien eine „Koalition der Willigen" gegründet. Diese stationierten Truppen in der Golfregion. Saddam Hussein wurde am 17.03.2003 eine letzte Frist zur Ausreise gestellt ansonsten drohe dem Irak die Invasion. Der irakische Diktator ließ das Ultimatum verstreichen, was schlussendlich zur Kriegserklärung führte. Die Truppen der Allianz kamen sehr gut voran, sodass sie schon vier Tage nach

---

[18] Vgl.: Fürtig Henner, 2016, S.146-148
[19] Vgl.: Rieck Sophia, Hebold Wiebke: https://www.klett.de/alias/1018195 (12.02.18)
[20] Zitat: http://www.upi-institut.de/irakkrieg.htm (12.02.18)
[21] Vgl.: http://www.upi-institut.de/irakkrieg.htm (12.02.18)
[22] Vgl.: ANNA J. TREU: http://www.faz.net/aktuell/politik/vereinigte-staaten-kampf-um-oel-statt-krieg-gegen-terror-172241.html (12.02.18)

Kriegsbeginn nur noch 100 km vor Bagdad standen. Das Vorrücken der Truppen ist auf der Karte im Anhang (vgl. Abb. 2) dargestellt, außerdem zeigt das Schaubild die Truppenstärken, Kriegskosten und Verluste. Da die Übernahme der Kontrolle über den Irak so schnell vonstatten ging, wurde der Krieg schon am ersten Mai 2003 für beendet erklärt. Hussein wurde im Dezember aufgespürt und dann zum Tode verurteilt.[23]

Alles in allem ist der Einmarsch in den Irak sehr umstritten. Solche Angriffskriege und ein damit verbundener Strategiewechsel lässt die US-Außenpolitik „hinter alle internationalen Vereinbarungen über Kriege des letzten Jahrhunderts zurück" fallen.[24]

2.4 Die Besetzung des Irak

Die Siegermächte des Irak Kriegs teilten den Irak in drei Besatzungszonen ein: eine britische, eine amerikanische und eine polnische. Nach dem Sturz der Partei Husseins wurde eine Übergangsregierung mit beschränkter Souveränität eingesetzt.[25] Anfangs wurden die Besatzer freundlich begrüßt und gefeiert. Jedoch entstanden aufgrund des schnellen Siegs über Hussein Lücken zwischen den durch die alliierten Truppen besetzten Gebieten. Dies führte dazu, dass für eine effektive Besatzung zu wenig Truppen vor Ort waren und vor allem auf dem Land kaum Truppen stationiert waren. Plünderungen und Selbstjustiz waren an der Tagesordnung. Die amerikanischen Soldaten wussten nicht wie sie mit diesen Plünderungen umgehen sollten. Selbst wenn sie etwas dagegen hätten unternehmen wollen, fehlten ihnen meist die Truppen für eine Reaktion.

Gerade durch diese Faktoren wurde die medizinische Versorgung und die Versorgung mit Wasser und Strom immer schlechter. Sie war sogar zeitweise schlechter als zu Husseins Zeiten. Wegen dieser Umstände wurde die Unzufriedenheit der irakischen Bevölkerung immer größer, was zur Folge hatte, dass die Sicherheitslage im Irak immer kritischer wurde und sich Anschläge häuften.[26]

---

[23] Vgl.: https://geschichte-irak.weebly.com/dritter-golfkrieg.html (12.02.18)
[24] Vgl.: http://www.upi-institut.de/irakkrieg.htm (15.02.18)
[25] http://deacademic.com/dic.nsf/dewiki/163730 (01.03.18)
[26] Vgl.: https://www.youtube.com/watch?v=1WhnTBbyx2c

Zusammenfassend kann man sagen, dass die Besatzer drei große Fehler begingen: Der erste war, dass die USA das Machtvakuum, welches entstand, nicht füllen konnten.

Als zweiten Fehler kann man das Nicht-mit-Einbeziehen religiöser und ethnischer Führer „in einen nationalen Dialog für die Neuordnung"[27] des Irak anführen.

Die dritte Fehlentscheidung war die Auflösung der irakischen Armee und die Verfolgung der Baath-Partei. Durch diese Entscheidung verloren viele Iraker ihre Einkommensquelle.[28] In der Folge kam es dazu, dass sich religiöse Milizen bildeten, welche um die Vorherrschaft in vielen Stadtteilen kämpften. Die Lage eskalierte dann ab Mitte 2003. Ab dieser Zeit hatten die USA nicht mehr die Kontrolle über den gesamten Irak.[29]

Am 08.03.2004 wurde eine Übergangsverfassung verabschiedet. Die wichtigsten Inhalte dieser waren die Garantie für Bürgerechte wie auch die Religionsfreiheit. Jedoch wurde dem Islam eine privilegierte Stellung im Staat zugesprochen. Um Minderheiten wie Kurden und Sunniten im Land zu schützen, legte eine Klausel fest, „dass mit Zweidrittelmehrheit in drei der 18 Provinzen eine künftige Verfassung blockiert, das Parlament aufgelöst und Neuwahlen erzwungen werden können."[30]

Ende Januar 2005 wurde nach der Diktatur Husseins zum ersten Mal im Irak wieder frei gewählt. Aber die Wahlen entsprachen nicht dem wahren Stimmungsbild der Bevölkerung. Sunniten gingen kaum wählen, weil sie sich auf der einen Seite von den USA und auf der anderen Seite von Terroristen unter Druck gesetzt sahen. El-Kaida sorgte unterdessen für immer mehr Terror. Zusätzlich bekriegten sich sunnitische und schiitische Milizen. Die US-Armee war mit den Selbstmordanschlägen und Überfällen überfordert.

Ab 2007 nahm der Widerstand in der US-amerikanischen Bevölkerung und auch im Parlament gegen den Irakkrieg immer mehr zu. So wurde im Oktober 2008 ein Vertrag mit dem Irak ausgehandelt in welchem der Rückzug amerikanischer Truppen geregelt wurde. In diesem Abkommen stand, dass bis zum Ende des Jahres 2011 alle US-Truppen abgezogen sein müssen. Daher zogen die USA konstant ihre

---

[27] Zitat: Lüders Michael, 2017, S. 52
[28] Vgl.: Lüders Michael, 2017, S. 51-53
[29] Vgl.: https://www.youtube.com/watch?v=1WhnTBbyx2c
[30] Zitat: Schwarz Jana: https://www.sibilla-egen-schule.de/konflikt/irak/irak3.htm (01.03.18)

Streitkräfte bis 2011 ab. Die Gewalt nahm allerdings nicht ab. Jeder Bedienstete des irakischen Staates setzte sich und seine Familie einer stetigen Gefahr aus.[31]

2.5 Die Zeit nach der Besatzung

Der Konflikt zwischen Sunniten und Schiiten verstärkte sich zunehmend - vor allem auf politischer Ebene. Bald drohte das Regierungsbündnis zu scheitern. Es wurde sogar einem Politiker vorgeworfen, Morde in Auftrag gegeben zu haben. Allgemein wurde die Machtverteilung im Irak immer ungleicher.[32] Die Sicherheitslage nach dem Abzug der Truppen der USA verschlechterte sich weiter. Ein Grund dafür war sicherlich Korruption, aber vielleicht auch die Tatsache, dass Sunniten kaum bei den Sicherheitskräften eingesetzt waren. Nach außen hin konnte sich der Irak nicht verteidigen.[33]

Nach dem Truppenabzug in der Region begann außerdem ein Duell um die Macht zwischen der Türkei und dem Iran. Die Interessen Ankaras und Washingtons waren fast deckungsgleich. Beide wollten Stabilität und den Einfluss des Iran zurückdrängen. Zusätzlich wollte die Türkei eine Abspaltung der Kurdenregion verhindern. Außerdem erhofften sie sich wirtschaftliche Vorteile. Hingegen unterstützte der Iran einzelne Regionen des Irak vor allem den schiitischen Süden. Beide Seiten versuchten, die Parlamentswahlen im Irak für sich positiv zu beeinflussen.[34]

2.6 Die Entstehung des Islamischen Staates

Die Entstehung des IS ist eng mit der Vergangenheit des Irak verbunden. Afghanische Top-Terroristen der El-Kaida wie al-Zawahiri, kamen in den Irak und verübten dort Anschläge.[35] Daher kann man den IS als Ableger El-Kaidas bezeichnen. Nährboden für den IS bot außerdem die Auflösung der Armee, der

---

[31] Vgl.: Schwarz Jana: https://www.sibilla-egen-schule.de/konflikt/irak/irak3.htm#ausblick (01.03.18)

[32] Vgl.: Korge Johannes http://www.spiegel.de/politik/ausland/irak-nach-dem-us-abzug-amerika-geht-das-chaos-kommt-a-805102.html (03.03.18)

[33] Vgl.: https://sicherheitsbulletin.wordpress.com/2012/01/02/der-irak-nach-dem-abzug-der-amerikanischen-kampftruppen/ (03.03.18)

[34] Vgl.: Seibert Thomas, Christoph von Marschall: https://www.tagesspiegel.de/politik/im-achten-jahr-was-passiert-im-irak-nach-dem-abzug-der-us-kampftruppen/1907112.html (03.03.18)

[35] Vgl.: https://daserste.ndr.de/beckmann/sendungen/Die-Entstehung-des-Islamischen-Staates,is134.htm (04.03.04)

Geheimdienste und weiterer staatlicher Institutionen. Deshalb waren viele Leute arbeitslos. Diese sahen eine Chance darin ihre Existenz zu sichern, indem sie sich dem IS anschlossen.[36] Beispielsweise war Al-Baghdadi, der spätere IS-Kalif, in einem Gefangenenlager der US-Armee mit vielen ehemaligen Generälen Saddam Husseins gefangen gehalten worden. Viele dieser Generäle fand man später in wichtigen Positionen des IS wieder. Al-Baghdadi war vor seiner Gefangennahme ein Iman in Falludscha. Dort ging die US Armee mit extremer Brutalität vor. Zusammenfassend kann man sagen, dass ohne den Einmarsch in den Irak der IS weniger Nährboden gefunden hätte.[37]

3. Schluss

Ziel der vorliegenden Arbeit war es, herauszufinden wie sich die Politik Großbritannien und der USA auf die politischen Geschehnisse auswirkte. Dass es Einwirkungen von außen gab, ist gar keine Frage. Beginnend mit dem Einmarsch der Briten, ging der Prozess weiter über die britischen Botschafter, welche Druck ausübten, und endete bei der Invasion der Vereinigten Staaten.

Zum Ende soll nun noch die Frage erörtert werden, ob die Einwirkungen positiven oder negativen Einfluss auf den Irak hatten. Ein Argument dafür, dass die Auswirkungen negativ waren, ist dass die Weltmächte nur in den Irak gekommen waren, um ihn auszubeuten und auszunutzen. Begründen kann man dies damit, dass es die Briten nur auf das Öl abgesehen hatten. Zum Beispiel im Jahr 1914 kamen die Briten während des ersten Weltkriegs nur in den Irak, um sich Erdöl zu sichern und eine Verbindung zu Indien zu schaffen. Sie versprachen dem Volk zwar einen eigenständigen Staat, dieses Versprechen wurde allerdings nie eingehalten. Deshalb kam es dort immer wieder zu Aufständen und Gewalt. Aber noch wichtiger ist der Aspekt, dass durch Einwirken von außen aus einem sehr gut funktionierenden System ein Staat am Abgrund wurde, weil von außen ein Wirtschaftsembargo verhängt wurde. Beispielsweise verhängten die UN eine nahezu totale Wirtschaftsblockade nach dem Einmarsch in Kuwait, welche vor allem die Zivilbevölkerung leiden ließ.

---

[36] Vgl.: Von Raniah Salloum: http://www.spiegel.de/politik/ausland/islamischer-staat-alles-wichtige-zum-is-a-1042664.html#sponfakt=5 (04.03.18)
[37] Vgl.: RONNEFELDT CLEMENS https://www.hintergrund.de/politik/welt/islamischer-staat/ (04.03.18)

Aber mit Abstand das stärkste Argument ist, dass nach der Invasion 2003 die USA nicht viel daransetzten, den Irak wieder zu stabilisieren und wiederaufzubauen. Im Vordergrund stand für die USA die Vertreibung Husseins und das Interesse am Erdöl. Danach wurde der Aufbau komplett vernachlässigt. Zum Beispiel kam es zu Plünderungen und Bildung von Milizen welche Gewalt ausübten. Aus diesen gewaltbereiten Gruppierungen entstand später der IS.

Allerdings kann man auch sagen, dass die USA den Irak von einem grausamen Diktator, was Hussein ohne Frage war, befreiten. Wenn man sich dieses Argument jedoch genauer betrachtet, fällt einem auf, dass die Lebensverhältnisse für die Bevölkerung nach dem Einmarsch sogar schlechter waren als zuvor.

Man kann also abschießend sagen, dass die Politik Großbritanniens und der USA sich sehr negativ auf den Irak ausgewirkt haben und es ermöglichten, dass solche Konstrukte wie der IS entstehen konnten. Ein empfehlenswertes Buch welches meiner Meinung nach einen guten Einblick in die Strukturen des IS bietet, ist der Roman „Dschihad calling" von Christian Linker.

Zusammenfassend wurde durch die Einwirkung der USA und Großbritanniens auf den Irak aus einer einstigen Hochkultur ein Land mit sehr vielen Problemen. Meiner persönlichen Meinung nach haben die USA und Großbritannien sehr viele Verbrechen im Irak begangen. Jedoch muss jeder für sich selber entscheiden wie er mit diesen Tatsachen umgeht und sie bewertet. Ich persönlich bin auch der Meinung, dass die USA als einzig verbleibende Supermacht die Möglichkeit besäßen einen Staat wiederaufzubauen und zu stabilisieren. Daher stellt sich mir auch noch die Frage, ob das überhaupt ihr Ziel war oder ob sie es einfach nur auf das Erdöl abgesehen hatten.

4. Anhang:

Abb. 1

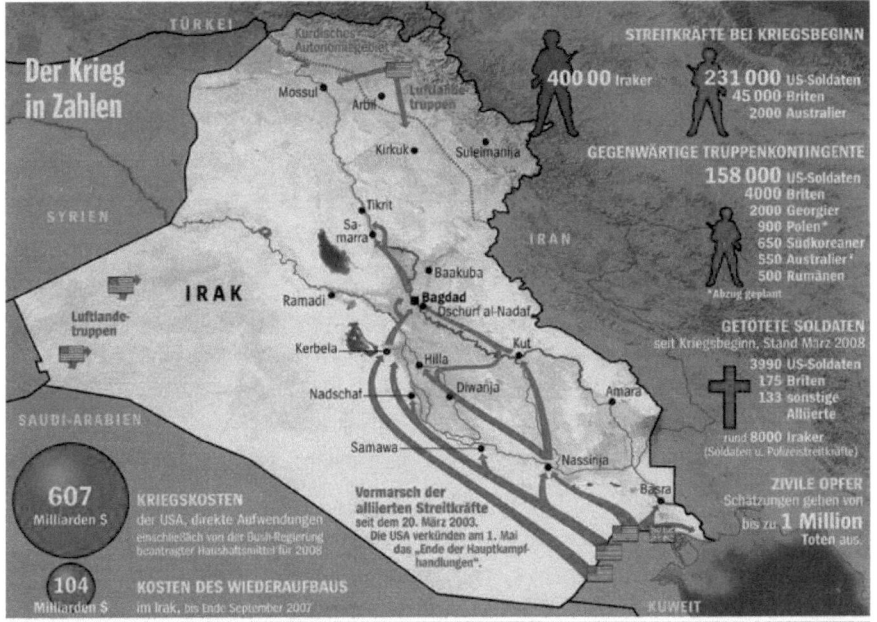

DER SPIEGEL 13/2008

Abb. 2

5.Bibliographie:

Buchquellen:

- Fürtig Henner: Geschichte des Irak, Von der Gründung 1921 bis heute, München 2016, 3. Auflage
- Lüders, Michael: Wer den Wind sät, was westliche Politik Orient anrichtet, München 2015, 23. Auflage, S. 37-57.

Internetquellen:

- Hermann Rainer: http://www.faz.net/aktuell/politik/ausland/besetzung-kuweits-das-ende-des-alten-nahen-ostens-13729115.html?printPagedArticle=true#pageIndex_0 (22.1.18)
- Homes Michael: https://www.welt.de/debatte/kommentare/article9783521/Der-vergessene-Krieg-gegen-Iraks-Zivilbevoelkerung.html (11.02.18)
- Korge Johannes: http://www.spiegel.de/politik/ausland/irak-nach-dem-us-abzug-amerika-geht-das-chaos-kommt-a-805102.html (03.03.18)
- Rieck Sophia, Hebold Wiebke: https://www.klett.de/alias/1018195 (12.2.18)
- Ronnefeldt Clemens: ps://www.hintergrund.de/politik/welt/islamischer-staat/ (4.3.2018)
- Salloum Raniah: http://www.spiegel.de/politik/ausland/islamischer-staat-alles-wichtige-zum-is-a-1042664.html#sponfakt=5 (4.3.2018)
- Schwarz Jana: https://www.sibilla-egen-schule.de/konflikt/irak/irak3.htm (01.03.18)
- Anna j. True: http://www.faz.net/aktuell/politik/vereinigte-staaten-kampf-um-oel-statt-krieg-gegen-terror-172241.html (12.2.18)
- http://www.welt-geschichte.de/html/die_ersten_hochkulturen.html (08.03.2018)
- https://www.n-tv.de/politik/Als-die-Briten-in-Bagdad-einmarschierten-article19739376.html (07.12.17)
- https://www1.wdr.de/stichtag/stichtag-irak-koenigreich-koenig-feisal-100.html (7.12.17)
- http://www.upi-institut.de/irakkrieg.htm (15.2.18)
- http://www.blz.bayern.de/blz/web/irak/index.html (12.2.18)
- https://geschichte-irak.weebly.com/dritter-golfkrieg.html (12.2.18)
- https://derstandard.at/1118258/Immer-Aerger-mit-Scott (12.2.18)
- https://www.lpb-bw.de/nach_irak_krieg.html (01.03.18)
- http://www.staytuned.at/sig/0022/32893.html (01.03.18)
- http://deacademic.com/dic.nsf/dewiki/163730 (01.3.18)
- https://www.tagesspiegel.de/politik/im-achten-jahr-was-passiert-im-irak-nach-dem-abzug-der-us-kampftruppen/1907112.html (03.03.18)
- https://sicherheitsbulletin.wordpress.com/2012/01/02/der-irak-nach-dem-abzug-der-amerikanischen-kampftruppen/ (03.03.18)

- https://daserste.ndr.de/beckmann/sendungen/Die-Entstehung-des-Islamischen-Staates,is134.html (4.3.2018)

Filme:

- Driesen, Julia: Amerika im Treibsand - Der Irak krieg ZDFinfo Teil 1, Deutschland 2013 (https://www.youtube.com/watch?v=VJ___9V9qwo)
- Driesen, Julia: Amerika im Treibsand - Der Irak krieg ZDFinfo Teil 3, Deutschland 2013 (https://www.youtube.com/watch?v=1WhnTBbyx2c)

Bildquellen:

- Abbildung 1: https://upload.wikimedia.org/wikipedia/commons/1/11/Iraq_NO_FLY_ZONES.PNG (14.03.18)
- Abbildung 2: http://www.storyal.de/story2008/irak.html (14.03.18)